Josef Wittmann: Kleinstadt

Josef Wittmann

Kleinstadt

Liliom Verlag 2015

Josef Wittmann
Kleinstadt
© LILIOM Verlag 2015
Alle Rechte vorbehalten
ISBN 978-3-934785-64-9

Zwölf Gedichte

Zwölf Gedichte		Seite	
Kleinstadt 6 Uhr 30	9	33	57
Kleinstadt 10 Uhr	11	35	59
Kleinstadt 12 Uhr	13	37	61
Kleinstadt 14 Uhr	15	39	63
Kleinstadt 15 Uhr	17	41	65
Kleinstadt 18 Uhr	19	43	67
Kleinstadt 19 Uhr	21	45	69
Kleinstadt 20 Uhr	23	47	71
Kleinstadt 21 Uhr	25	49	73
Kleinstadt 24 Uhr	27	51	75
Kleinstadt 2 Uhr	29	53	77
Kleinstadt 3 Uhr	31	55	79

Kleinstadt, 6 Uhr 30

Hier ist noch lange nicht Süden, so
dick sind die Mauern, so schattig, so kalt.

Namen, die tragen im Sommer noch
Fäustlinge, halten die Mauern aufrecht,

mühen sich redlich, doch flüchten die
Jungen im Frühjahr, sie werden nicht groß.

Väter auf ihren wurmstichigen
Stühlen, sie kannten die Buche, den

Tischler, sie wählten den besten aus,
wissen vom Rieseln des Holzmehls die Zeit.

Gleich fährt der Bus ab, bringt Schüler und
Arbeiter weg zur nächst größeren Stadt.

Grollen setzt ein, das wird stärker, das
fordert und ohne zu wissen, wie, bringt

jeder sein Opfer, den Zehnten, so
früh steht das deutlich in jedem Gesicht.

Kleinstadt, 10 Uhr

Glasscherben? Nicht eine einzige
Flasche. Die Schaufenster sauber poliert.

Aktienkurse stabil und der
Himmel ist makellos. Zankend im Baum

Spatzen, ein Handwerker beißt in den
Leberkäs, der VW-Bus der Post

wartet, sein Diesel läuft rund. Eine
Rentnerin mit dem Rollator, im Korb

die Zeitung, ein Milliardär beging
Selbstmord, was ist denn hier eigentlich los?

Leiterwagen vorm Trödler, die Holme aus
Buchenholz, Sprossen aus Lärche, sogar

Eisenbeschläge kaum rostig, die
eschenen Speichenräder noch fest,

eines ist leider gebrochen, das
baut uns niemand mehr nach. Und kein Preis.

Kleinstadt, 12 Uhr

Leerstehende Neubauten, Ehekrisen und
Zoff. Abo-Essen für vier Euro fünfzig.

Die blonde Kellnerin bringt das Bier.
Alle die Sprüche sind bestens bekannt,

Häuser, Gesichter, Geschlechter, Geschichten,
auch Schulden regen schon keinen mehr auf.

Niemand wirft hier einen Stein, die Räume sind
äußerst zerbrechlich, ein Bankraub in Franking,

schön blöd. Finanzkrise: immer sind wir die
Beschissnen. Zu anständig. Aber was tun?

Zu jedem Leben gehört auch das Scheitern.
Die Goldwaage biegt sich bei jedem Wort.

Feindschaften? Gar nicht der Rede wert. Wer uns
die Gurgel zudrückt, ist aber bekannt.

Ein jedes Zeitalter hat seine Kämpfe.
Plötzlich ein starkes Verlangen nach noch einer

Halbe. Man lebt doch! Da geht ein Ruck durch
das Land. Und wir machen weiter, sofort.

Kleinstadt, 14 Uhr

Vom Bahnhofskiosk blättert die Farbe.
Den gelben Anstrich hat er erhalten, als

der Laden schon leer war und zu verkaufen.
Nicht alle Pleiten sind gelb gestrichen.

Oft kommen Fremde, die bauen den Träumen
Nester. Da staunt man: der kennt sich nicht aus.

Die Häuser schaun milde. Geräusche wohnen
darin, aber sie seufzen nicht. Die Menschen

sind glücklos, das formt sie seit Generationen.
Auf dem Gehsteig stehn Frauen, in Gespräche

vertieft, die Gesichter ganz tief gefroren,
als hätten sie nie einen Frühling erlebt.

Der Gatte der Bäckerstochter führt
den Kampfhund kurz an der Leine.

Vereinsnachrichten im Kasten an der Wand:
Der Mann auf dem Foto starb Anfang des Jahres.

Ein grandioser Witze-Erzähler!
Selbst Jüngere werden sich lang noch erinnern.

Kleinstadt, 15 Uhr

Leben? Es hat Zeiten gegeben, da haben wir
acht Brauereien gehabt und sechzehn Wirtshäuser!

Nun ja, Gerichtstermine und Befunde vom Krankenhaus
fürchten wir. „Großer Gott!" sagen wir selten aus Dankbarkeit.

Manchen trifft es halt härter. Aber selbst baufällige Häuser
stürzen lange nicht ein. Und so oder so fließt das Wasser

immer die Salzach hinunter. Natürlich sammeln wir Sterbbilder
Und tragen auch für einfache Mitglieder die Fahne. Wie jetzt.

Und das große Geläut! Da machen wir keinen Unterschied.
Irgendwer wird schon bei uns auch noch mitgehen.

Wollen Sie wirklich wissen, was wir von Beamtenvisagen halten,
Die sich um jedes Putzkrümel aufspielen? Nein natürlich.

Wir auch nicht. Und sonst? Das richtige Leben?
Vielleicht bei denen da drüben. Oder dort?

Kleinstadt, 18 Uhr

Die Haare auf Signora de Bonas Kopf lichten sich.
Seit Jahren verkauft sie Eis aus Longarone

Cadore, ihr Lächeln kennt den Winter.
Mit ihr anzufangen verzeiht mir niemand.

Die Häuser am Platz halten mühsam den Kopf hoch, wer
der Heimat nicht schadet, hält besser den Mund.

Löwenzahn wächst aus den Fugen, respektloses
Unkraut, lacht Granitplatten und denkmalgeschützte

Fassaden unverschämt aus. Dabei wahrt das Ensemble
den Anschein, das Leben wär südlicher, leichter,

nicht gar so sehr deutsch. Fahr zu, Gast, und frag nicht:
eigentlich sitzen schon alle auf Koffern,

die Banken haben längst ihre Häuser verkauft.
Aber schau nur! Die Sonne taucht hinter den Burgberg,

die Amsel singt ein historisches Lied, und
Bayram, der türkische Wirt, zapft ein Fass an,

der Wetterhahn leuchtet hell golden, als einziger
hebt der Hund vom Herrn Doktor den Blick.

Kleinstadt, 19 Uhr

Für Schmerz hat die Landessprache kein Wort. Das ist
gut so. Geschmerzt ist ein Schimpfwort: So ist man nicht.

Am Abend versickern die Leute in Kammern,
sie öffnen die Fenster gegen den Mief

und schließen sie wegen der Mücken. Die Geliebte
ist hart wie trockenes Brot, ohne Farbe,

so viel weiß man sicher, alles andere nicht.
Möchte hier jemand singen? Die Stimme steigen lassen,

Brieftauben zum freien Himmel hinauf? Dem
Glück eine Hymne? Wer möchte die hören?

Es ist noch Suppe da, genug für alle,
und für Austern haben wir gar keinen Zahn.

Es herrscht keine Not, auch nicht Krieg und Verfolgung.
Es ist unheimlich still. Das ist etwas anderes.

Kleinstadt, 20 Uhr

Plötzlich hört man Schreie. Das ist seltsam.
Wo die Häuser so friedlich aussehen:

hellblau, ziegelrot, blassbraun. Die Fenster
mit sauberen Vorhängen, dahinter ein Lichtschein.

Es könnten ja Lustschreie sein, selbstvergessen?
Woher dann die Angst, die Verzweiflung?

So hemmungslos qualvoll, so flehend schrill?
Eindeutig kommt es aus diesem Fenster.

Unergründlich die Dunkelheit, etwas
ganz Ungeheuerliches geht hier vor sich.

Aber es sind anständige Leute. Soll man
anläuten, hier ist der Nachbar, wem ist

zu helfen? Wobei? Gegen wen? Und wofür?
Auf alten Schwarzweißbildern lächeln die Leute

mäßig bis gar nicht, ich bin sozusagen
der Fotograf, der einsieht, warum.

Kleinstadt, 21 Uhr

Wörter verstreuen auf haltlosen Boden,
Maiskörner, Asphalt, auf zur Erntezeit! Mit

den Kriegsmaschinen der Agrarfront Hektare
fressen, tonnenweis Fahrsilos füllen,

die Phrasendrescher ins Feld scheuchen, Lest!
Nein? Lieber Silben zählen, links, rechts, die

Hand weich, der Blick ganz verlegen, blau, himmelwärts?
Das Leben verstehen, der Traktorfahrer

hört volle Kanne *Di-Dschäi-Ötzi*,
brettert Vollgas übern Stadtplatz:

die Einsamkeit. Macht! Die Maschine folgt einem
Tastendruck. In der Garage stößt der

Alte den Schemel um: das nimmt ihm keiner.
Mein kleiner Garten. Wie diesen Sommer

die Wassertriebe des Pflaumenbaums
wuchern: So viele Peitschen, so wenig Luft.

Kleinstadt, 24 Uhr

Die Nacht hat den Schimmer von grüner Jauche.
Ermattete Lichtklumpen kleben am Rand.

Die Brunnen sind alle schon zugedreht, eine
Ahnung von Ordnung: rostiges Blechspielzeug,

das sehr weit weg die Tschinellen schlägt, kaum
hörbar. Die Fenster im Schatten, stockdunkel,

Erschöpfungsschlaf nach dem angestrengten
Lächeln für lange Kolonnen von Durchreisenden.

Die letzten fünf Gäste vor der Kneipe stoßen
verschwörerisch auf die Biergartenverordnung an.

So lang wir das Leben noch haben. Scheißdrauf,
wir geben nicht auf. Ein Prost auf die Freiheit.

Polizeiberichte in der Zeitung von morgen,
Siegesmeldung im laufenden Krieg.

Kleinstadt, 2 Uhr

Nachtfrost. Die Ölbrenner fauchen. Bald wird
niemand mehr wissen, was Frost überhaupt ist.

Vergessen wie Sole, Gradierwerk und Treidelpfad.
Soll es mal alles gegeben haben.

Das Gedächtnis der Häuser: Saliter blüht aus.
Der Brandschutt von fünfzehn-siebzig liegt unterm

Hausgang. Scherben von altem Geschirr drin.
Keine Ahnung, wer es benutzt hat.

Dagegen erinnern wir uns an Dampflok,
Rechenschieber und Schreibmaschine.

Die Wörter sterben aus mit den Dingen,
ein schleichender Tod ohne Mantel und Sense.

Kleinstadt, 3 Uhr

Wie still die Nacht ist, wie dunkel, wie fremd ohne
das Rollen der Reifen, das Motorengeknurr,

wie lebensfern plötzlich die Straße starrt:
die leere Weite ganz unvertraut, es

sind einmal Heere hier durchgezogen,
etwas erinnert noch immer an Blut.

Ein Licht brennt, im Fenster bewegt sich ein Schatten.
Zwei späte Zecher, die alles gesagt haben,

wanken unsicher über den Platz.
Das Brot von morgen ist schon zu riechen.

Es ist die Stunde der Lebensmüden.
In einem Zimmer jault kläglich ein Hund.

Im Kastanienbaum üben schlaflose
Vögel ihr Morgenlied. Bald kommt die Zeitung.

Kleinstadt, 6 Uhr 30

Gleich fährt der Bus ab, bringt Schüler und
Arbeiter weg zur nächst größeren Stadt.

Grollen setzt ein, das wird stärker, das
fordert und ohne zu wissen, wie, bringt

jeder sein Opfer, den Zehnten, so
früh steht das deutlich in jedem Gesicht.

Kleinstadt, 10 Uhr

Leiterwagen vorm Trödler, die Holme aus
Buchenholz, Sprossen aus Lärche, sogar

Eisenbeschläge kaum rostig, die
eschenen Speichenräder noch fest,

eines ist leider gebrochen, das
baut uns niemand mehr nach. Und kein Preis.

Kleinstadt, 12 Uhr

Feindschaften? Gar nicht der Rede wert. Wer uns die Gurgel zudrückt, ist aber bekannt.

Ein jedes Zeitalter hat seine Kämpfe. Plötzlich ein starkes Verlangen nach noch einer

Halbe. Man lebt doch! Da geht ein Ruck durch das Land. Und wir machen weiter, sofort.

Kleinstadt, 14 Uhr

Der Gatte der Bäckerstochter führt
den Kampfhund kurz an der Leine.

Vereinsnachrichten im Kasten an der Wand:
Der Mann auf dem Foto starb Anfang des Jahres.

Ein grandioser Witze-Erzähler!
Selbst Jüngere werden sich lang noch erinnern.

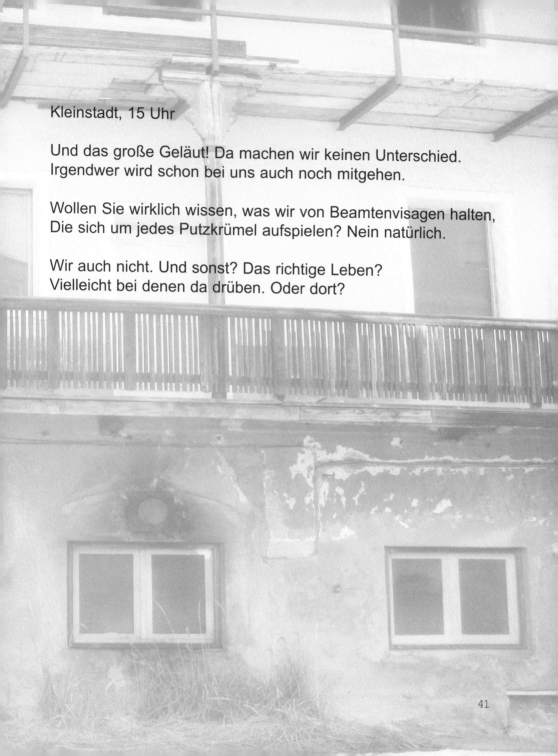

Kleinstadt, 15 Uhr

Und das große Geläut! Da machen wir keinen Unterschied.
Irgendwer wird schon bei uns auch noch mitgehen.

Wollen Sie wirklich wissen, was wir von Beamtenvisagen halten,
Die sich um jedes Putzkrümel aufspielen? Nein natürlich.

Wir auch nicht. Und sonst? Das richtige Leben?
Vielleicht bei denen da drüben. Oder dort?

Kleinstadt, 18 Uhr

Die Banken haben längst ihre Häuser verkauft.
Aber schau nur! Die Sonne taucht hinter den Burgberg,

die Amsel singt ein historisches Lied, und
Bayram, der türkische Wirt, zapft ein Fass an,

der Wetterhahn leuchtet hell golden, als einziger
hebt der Hund vom Herrn Doktor den Blick.

Kleinstadt, 19 Uhr

Möchte hier jemand singen? Die Stimme steigen lassen,

Brieftauben zum freien Himmel hinauf? Dem
Glück eine Hymne? Wer möchte die hören?

Es ist noch Suppe da, genug für alle,
und für Austern haben wir gar keinen Zahn.

Es herrscht keine Not, auch nicht Krieg und Verfolgung.
Es ist unheimlich still. Das ist etwas anderes.

Kleinstadt, 20 Uhr

Aber es sind anständige Leute. Soll man
anläuten, hier ist der Nachbar, wem ist

zu helfen? Wobei? Gegen wen? Und wofür?
Auf alten Schwarzweißbildern lächeln die Leute

mäßig bis gar nicht, ich bin sozusagen
der Fotograf, der einsieht, warum.

Kleinstadt, 21 Uhr

Die Einsamkeit. Macht! Die Maschine folgt einem
Tastendruck. In der Garage stößt der

Alte den Schemel um: das nimmt ihm keiner.
Mein kleiner Garten. Wie diesen Sommer

die Wassertriebe des Pflaumenbaums
wuchern: So viele Peitschen, so wenig Luft.

Kleinstadt, 24 Uhr

**Die letzten fünf Gäste vor der Kneipe stoßen
verschwörerisch auf die Biergartenverordnung an.**

**So lang wir das Leben noch haben. Scheißdrauf,
wir geben nicht auf. Ein Prost auf die Freiheit.**

**Polizeiberichte in der Zeitung von morgen,
Siegesmeldung im laufenden Krieg.**

Kleinstadt, 2 Uhr

Der Brandschutt von fünfzehn-siebzig liegt unterm

**Hausgang. Scherben von altem Geschirr drin.
Keine Ahnung, wer es benutzt hat.**

**Dagegen erinnern wir uns an Dampflok,
Rechenschieber und Schreibmaschine.**

Die Wörter sterben aus mit den Dingen,

Kleinstadt, 3 Uhr

Zwei späte Zecher, die alles gesagt haben,

wanken unsicher über den Platz.
Das Brot von morgen ist schon zu riechen.

Es ist die Stunde der Lebensmüden.
In einem Zimmer jault kläglich ein Hund.

Im Kastanienbaum üben schlaflose
Vögel ihr Morgenlied. Bald kommt die Zeitung.

Kleinstadt, 10 Uhr

Die eschenen Speichenräder noch fest,

eines ist leider gebrochen, das
baut uns niemand mehr nach. Und kein Preis.

Kleinstadt, 12 Uhr

Plötzlich ein starkes Verlangen nach noch einer

Halbe. Man lebt doch! Da geht ein Ruck durch das Land. Und wir machen weiter, sofort.

Kleinstadt, 14 Uhr

Der Mann auf dem Foto starb Anfang des Jahres.

Ein grandioser Witze-Erzähler!
Selbst Jüngere werden sich lang noch erinnern.

Kleinstadt, 15 Uhr

Wollen Sie wirklich wissen, was wir von Beamtenvisagen halten,
Die sich um jedes Putzkrümel aufspielen? Nein natürlich.

Wir auch nicht. Und sonst? Das richtige Leben?
Vielleicht bei denen da drüben. Oder dort?

Kleinstadt, 18 Uhr

Bayram, der türkische Wirt, zapft ein Fass an,

der Wetterhahn leuchtet hell golden, als einziger
hebt der Hund vom Herrn Doktor den Blick.

Kleinstadt, 19 Uhr

Und für Austern haben wir gar keinen Zahn.

Es herrscht keine Not, auch nicht Krieg und Verfolgung.
Es ist unheimlich still. Das ist etwas anderes.

Kleinstadt, 20 Uhr

Auf alten Schwarzweißbildern lächeln die Leute

mäßig bis gar nicht, ich bin sozusagen
der Fotograf, der einsieht, warum.

Kleinstadt, 21 Uhr

Mein kleiner Garten. Wie diesen Sommer

**die Wassertriebe des Pflaumenbaums
wuchern: So viele Peitschen, so wenig Luft.**

Kleinstadt, 24 Uhr

Wir geben nicht auf. Ein Prost auf die Freiheit.

Polizeiberichte in der Zeitung von morgen,
Siegesmeldung im laufenden Krieg.

Kleinstadt, 2 Uhr

Rechenschieber und Schreibmaschine.

**Die Wörter sterben aus mit den Dingen,
ein schleichender Tod ohne Mantel und Sense.**

Kleinstadt, 3 Uhr

In einem Zimmer jault kläglich ein Hund.

Im Kastanienbaum üben schlaflose
Vögel ihr Morgenlied. Bald kommt die Zeitung.

Josef Wittmann,
geboren 1950 in München,
lebt seit 1977 in Tittmoning.
Als Lyriker schreibt er
vorwiegend in bairischer
Mundart.
www.josef-wittmann.at